L⁵h
719

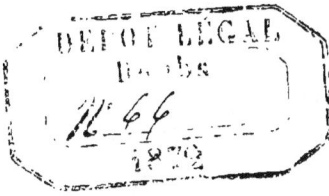

BATAILLE DE CUSSEY

NOTICE HISTORIQUE

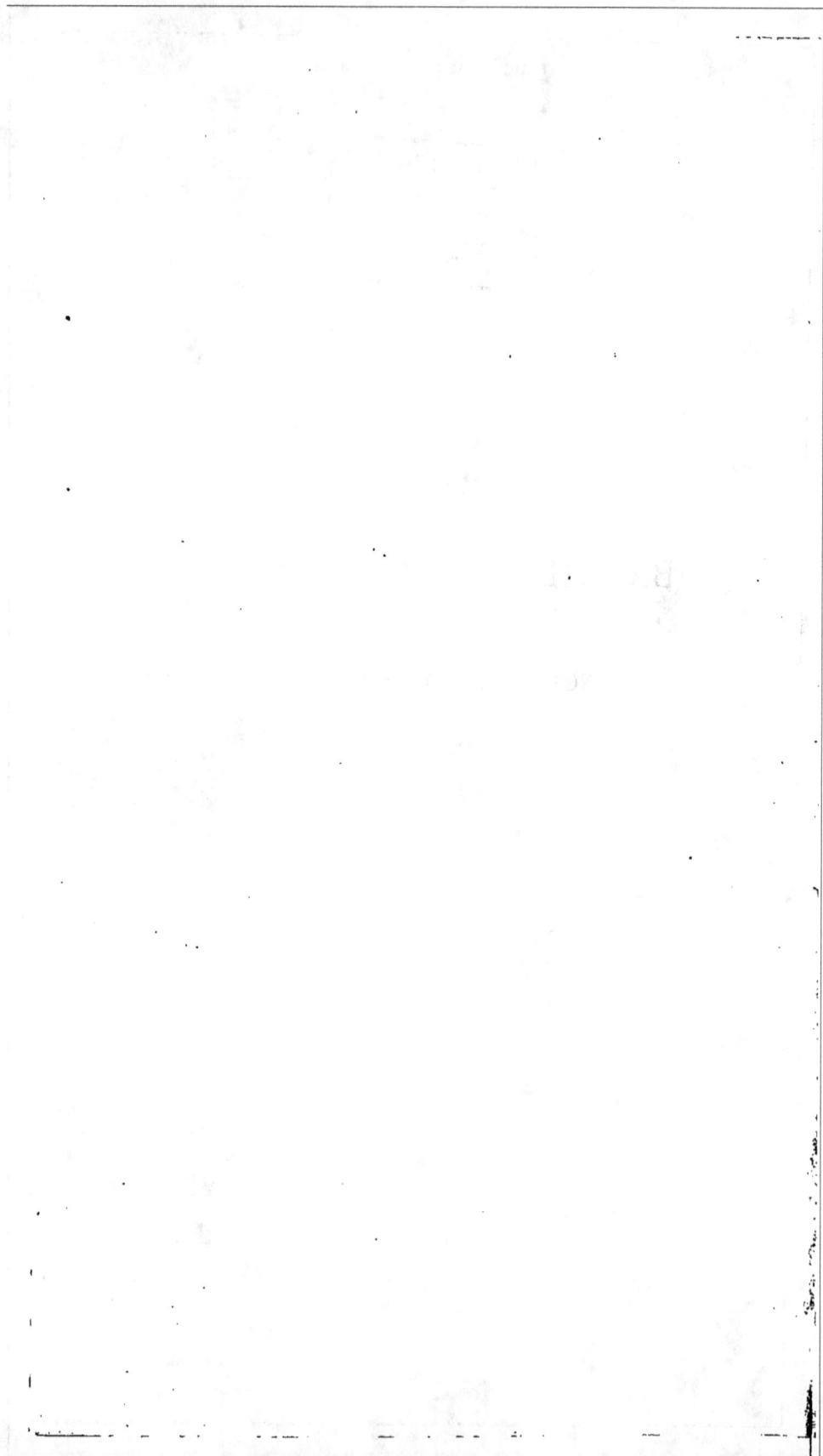

NOTICE HISTORIQUE

SUR LA

BATAILLE DE CUSSEY

PAR

S. DROZ

Et Judas Machabée leur dit : « Il vaut mieux pour
nous mourir dans le combat que rester témoins
des maux de la patrie. »

(1. *liv. des Machabées*, chap. III.)

BESANÇON

IMPRIMERIE DE DODIVERS, GRANDE-RUE, 87.

—

1872

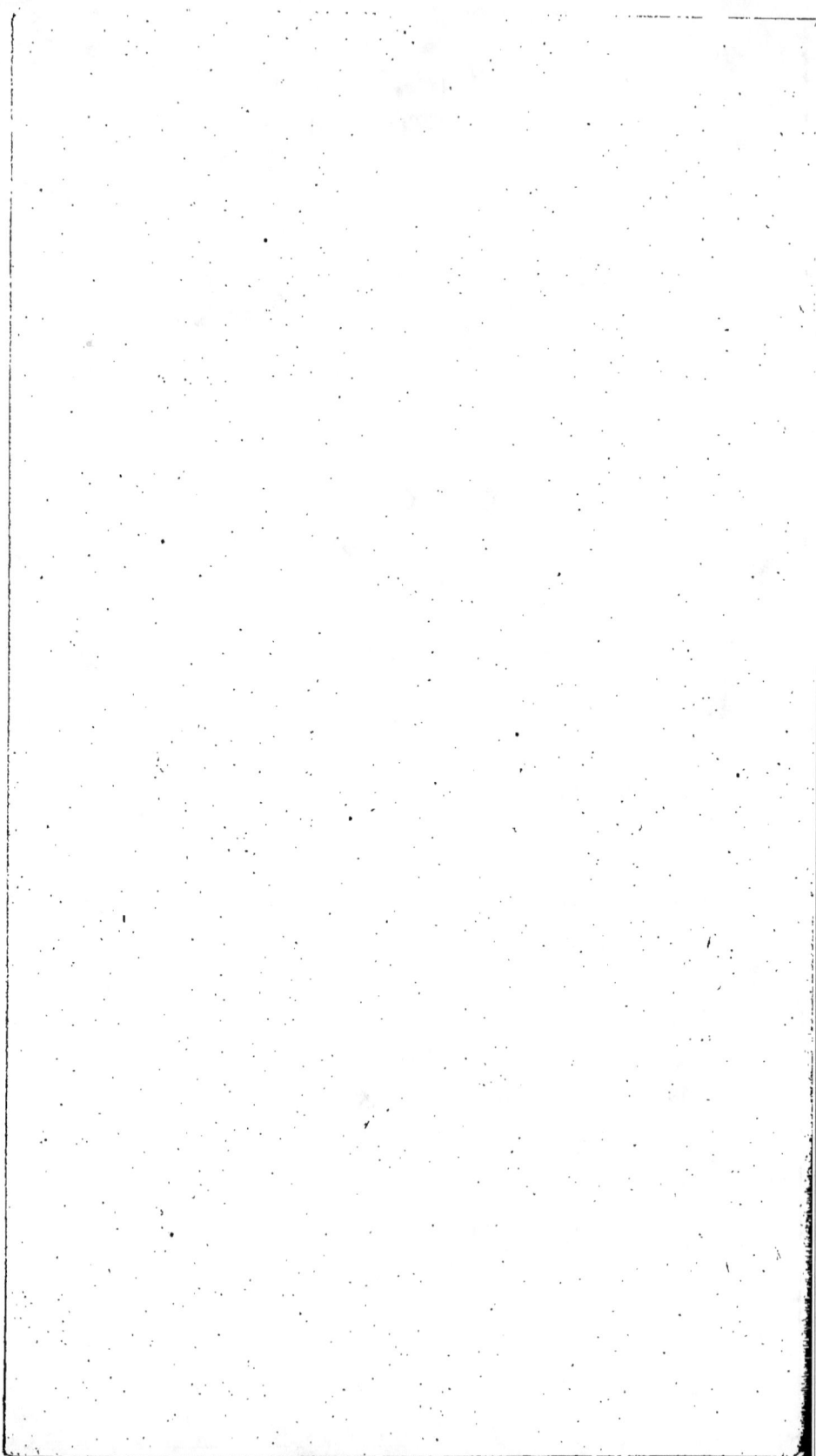

AVANT-PROPOS

Les officiers allemands appelèrent la bataille de
Cussey *une affaire magnifique,* et le général Degenfeld
ratifia cette opinion.

Témoin de l'événement ainsi jugé, j'offrais cette
page d'histoire à l'Académie de Besançon.

Mais, sur la demande formelle du général Picard,
commandant la 7ᵉ division militaire, la lecture de ce
document était supprimée, dit-on, à la séance publique
du 29 janvier dernier, et cela sans examen préalable,
sans débat contradictoire.

A quel titre le général Picard intervient-il ici? On
me répondra sans doute : C'est un membre-né de l'Académie et par suite un des dignitaires de la compagnie.

Au siècle dernier, quand les gouverneurs militaires
de la province étaient de droit protecteurs et direc-
teurs de cette même compagnie, on critiquait déjà ce
privilége, qui valut au maréchal de Duras la plus mor-
dante épigramme.

Je respecte pourtant la tradition, mais je me révolte contre l'abus de ses prérogatives. Au milieu du seizième siècle, quand on se plaignait des édits de Chateaubriant et des ordonnances de Moulins, rien n'approchait de la rigueur que je subis aujourd'hui; car jusqu'à la création des censeurs, aucun écrit ne fut supprimé sans avoir passé par le contrôle du parlement, de la Sorbonne ou du chancelier.

La *Bataille de Cussey*, présentée à l'Académie, soigneusement purgée de critiques, ne contenait rien qui fût de nature à émouvoir les susceptibilités de l'autorité militaire : c'était un panorama pur et simple des lieux, le calque pur et simple des événements. Malgré cette réserve de prudence et de bon goût, j'ai été frappé d'interdit : en tombant à faux la mesure est devenue doublement odieuse.

Malgré tout, l'intervention du général Picard dans cette affaire ne saurait être spontanée : c'est pourquoi il paraît juste de dégager sa personnalité de cette affaire. Malheureusement le *veto* qu'on lui impute laissera croire que sous prétexte d'imposer silence au mensonge on a réduit la vérité à se taire.

Récupérant mon indépendance après la proscription, j'ai rendu à ce récit la couleur de ma pensée. Exclu, à l'hôtel de ville, d'une publicité de salon, mon travail a pris à la porte la vogue d'une idée qu'on persécute.

Nous ne sommes plus au temps où Annibal.gourmandait Phormion de discourir sur la théorie des batailles. Aujourd'hui la parole est à tout le monde, et si vous ne voulez point de mes jugements, je vous renverrai à la *Gazette de Cologne* et aux rapports du général de Moltke. Pour moi personnellement, je ne suis pas dans la condition du philosophe grec, *qui nunquam hostem aut castra viderat*, j'étais à la défense du pont de Cussey, j'étais à l'attaque d'Auxon, et vos bulletins ne prévaudront pas contre mes affirmations, la peur n'ayant troublé ni ma vue ni mon esprit.

Après l'abus, le scandale.

Des jeunes gens qui, avec le titre d'officiers d'état-major auxiliaires ont eu l'avantage d'exercer leur service de campagne dans les bureaux de la 7e division militaire, viennent, je ne sais pourquoi, prendre fait et cause dans cette affaire.

Préjugeant hardiment de l'insuffisance de mes moyens, ils ont tenté d'affaiblir le crédit de ma narration en lui déniant ses bases de certitude.

L'habileté a laissé percer l'intention ; aussi, depuis le 22 mars, des lettres m'arrivent tous les jours grossissant la collection des péripéties anecdotiques de Châtillon.

Je remercie les auteurs de ces manifestations ; mais j'en laisse la fortune à la chronique locale.

J'ai répondu directement à la mise en demeure qui termine la lettre du 22 mars, aujourd'hui j'attaque le fond même de cette lettre.

M. J. G. publie dans le *Courrier* :

« Il paraît d'ailleurs impossible que vous ayez pu
» réunir tous les éléments essentiels pour un travail
» historique, puisque les plus nécessaires, c'est-à-dire
» les documents officiels, vous ont fait absolument dé-
» faut.

Voici la réplique :

Le rapport de la 7ᵉ division militaire (affaire de Cussey)
a été quarante-huit heures entre mes mains. C'est sur le
texte même de cette pièce, parfaitement officielle, que
j'ai relevé tous les mouvements de troupes qui figurent
dans mon récit.

Lecteurs, qu'en dites-vous ?

S. DROZ.

Cussey, 1ᵉʳ mai 1872.

BATAILLE DE CUSSEY

INTRODUCTION.

Et Judas Machabée leur dit : « Il vaut mieux pour nous mourir dans le combat que de rester témoins des maux de la patrie. »

(1. *liv. des Machabées*, chap. III.)

La guerre qui vient de finir offre une promiscuité d'événements telle que leur variété se prête à toutes les fantaisies de l'historien : de là ces chroniques, ces monographies, ces légendes, si répandues aujourd'hui. Sous l'influence de nos préoccupations, bien qu'elles affectent une grande différence de physionomie et de but, leur objet se confond toujours avec la mise en scène de quelques-uns de nos désastres : c'est le lieu commun de ces publications.

La Franche-Comté ne saurait manquer d'avoir son histoire des jours néfastes que nous venons de traverser. N'est-ce pas au sein de notre province que

4

s'est accompli ce long désastre regardé par les Allemands comme le plus beau triomphe de leur campagne, et qui devint pour nous si profondément cruel que rien ne fut médiocre dans le malheur?

A la vue de ces ruines encore en relief sur notre sol et qui, depuis le xviie siècle, y attestent le passage des soldats d'outre-Rhin, nous croyions que les calamités de ces temps-là demeureraient uniques et à l'état de traditions populaires, dussions-nous même douter de leurs réalités. Aujourd'hui ces calamités sont raffinées et agrandies, car le barbare a son génie, et ce génie est celui d'Attila.

Serait-il vrai qu'à certains intervalles, quand le progrès s'est corrompu de ses propres excès, la décadence et la honte soient le châtiment de ses déviations? Mais il y a des peuples qui ne sauraient périr : les épreuves les régénèrent et affinent leurs vertus : *Multos illustrat, fortuna dum vexat* (1).

D'après le système présumé de l'invasion, le département du Doubs devait être à peine effleuré par les colonnes ennemies. La Haute-Saône, au contraire, allait supporter les charges du passage et du séjour de ces colonnes. Par position, elle flanquait la marche sur Paris, couvrait l'Alsace et la Lorraine,

---

(1) Sénèque.

séparait Langres de Besançon, et fournissait, par la Saône, un débouché sur la Bourgogne et le Midi.

La place de Besançon, loin du théâtre de la guerre, se croyant libre de toute participation effective aux événements, ne songeait qu'à sa propre sécurité. C'est ainsi qu'elle favorisa indirectement l'occupation de Dijon, position d'où l'ennemi pouvait empêcher ou isoler toutes concentrations de troupes dans l'Est, et occuper un chemin de fer de premier ordre, propre à porter d'intarissables ressources aux armées qui bloquaient Paris. Elle se fût bercée jusqu'à la fin dans cette égoïste quiétude, lorsqu'une cause accidentelle vint changer cet état de choses.

« L'extrême gravité que prenaient les événements dans l'Est, dit un rapport de la 7e division militaire, décide le ministre de la guerre à se rendre à Besançon ; il y arrête définitivement l'organisation de l'armée dite de l'Est, et détermine son action. Cette armée s'appuiera sur la ligne de défense du Doubs et la position de Besançon pour arrêter la marche de l'ennemi, puis reprendra l'offensive en Alsace et dans les Vosges. »

Ce plan était aussi grandiose que patriotique ; il pouvait changer la face des événements, peut-être même nous sauver. Judicieux et praticable suivant le raisonnement et sur la carte, il s'évanouit devant l'insuffisance ou le défaut de ses conditions matérielles : équipement, vivres, munitions, ambulances.

Ajoutons-y cependant un hiver comparable à celui de 1812 ; le fatal malentendu de l'armistice et par-dessus tout des retards intempestifs ou forcés.

A cet égard écoutons les Allemands eux-mêmes : « Gambetta, disent-ils, commit la faute énorme de diviser l'armée de la Loire, d'en laisser la moitié à Chanzy et d'envoyer l'autre sur Belfort. En se jetant comme une trombe sur le 13e corps du duc de Mecklembourg, alors fort affaibli, il y avait chance de le culbuter et d'avancer par le Mans et Chartres sur Paris. »

« En octobre, disent-ils encore, la marche sur Belfort pouvait nous être funeste ; fin décembre et en janvier, tout danger avait disparu (1). »

En effet, la diminution des forces de Chanzy permit au prince Frédéric-Charles de disposer du 2e corps qui, joint au 7e et aux réserves récemment arrivées d'Allemagne, composèrent une armée de secours, sous les ordres du général Manteuffel. Malgré ces dispositions, le succès parut un instant possible : il suffisait d'arriver à temps, d'écraser

---

(1) *Gazette de Cologne.*

de Werder avec ses 30 ou 40,000 hommes, et d'attendre Manteuffel. Malheureusement, l'intendance,
laissant notre armée au dépourvu de toute espèce de
ressources, lui imposa un retard de plus de cinq
jours dont le général de Werder sut habilement pro-
fiter. Il eut le temps de rallier ses troupes dissémi-
nées sur une zone de marche étendue, de fortifier
Montbéliard et Héricourt, d'armer ses retranche-
ments d'une artillerie formidable et, par suite, de
rendre infructueux tous les efforts de Bourbaki.
Alors, malgré les glorieuses étapes de Villersexel et
d'Arcey, 130,000 soldats, voués à la défaite, com-
mencent une retraite qui s'étend comme une ombre
sinistre sur notre pays tout entier. Manteuffel, qui,
en tous cas, fût arrivé trop tard, n'eut plus qu'à se
jeter sur le flanc de nos troupes découragées, et à
les pousser vers la Suisse en interceptant les voies
du Midi.

La retraite sur Pontarlier, avec ses vicissitudes,
n'est pas la défaite se relevant par le prestige de
l'héroïsme, mais le courage luttant contre la fatalité.

Rien n'est comparable à ces convois d'hommes,
de chevaux, de canons, de bagages, marchant con-
fondus, se heurtant, s'encombrant pour se frayer un
chemin à travers cet amphithéâtre des chaînes du
Jura offrant tour à tour des monts abrupts et de
profondes vallées avec ces amoncellements de neige

où, à cette saison, aucune trace humaine ne laisse soupçonner l'existence d'une route. Il faut lutter tantôt contre la tempête comme les soldats de Cambyse ; tantôt contre les obstacles du sol comme ceux d'Annibal, et surtout contre un froid de 17° cent., plus meurtrier que les balles ennemies pour des soldats affamés et mal vêtus. Là en effet se renouvellent ces terribles accidents de congélation, qui marquent la campagne de Prusse en 1807 et le trajet de la Bérézina à Smolensk en 1812.

Au milieu d'une atmosphère neigeuse, on marche sans arriver, car on poursuit un horizon qui a l'aspect fugitif du mirage, et ceux qui pourraient vaincre encore succombent devant les frimas.

Des morts sans sépulture, le matériel abandonné, des chevaux libres ou abattus, sont les témoins qui, çà et là, attestent ce passage. Et cette mêlée, qui n'a plus de nom, acculée au pied du fort de Joux, à la Cluse-de-Saint-Pierre, fait volte-face, combat l'ennemi à vingt mètres de distance et, après l'avoir battu sans le vaincre, elle franchit le col du Chauffaud à l'abri de la forteresse. Celle-ci est aussitôt attaquée avec fureur ; il faut une vengeance à la déception : Manteuffel comptait sur un second Sedan.

Alors notre retraite se partage en trois colonnes : la première descend au Val-Travers par les Verrières ; la deuxième, au pays de Vaud par les Fourgs, et la troisième, dirigée par Mouthe sur Saint-Laurent, se jettera en Suisse par les Rousses, si elle trouve fermée la dernière voie sur le Midi.

Besançon fut incapable d'abriter ou de protéger les débris de notre armée, il les repoussa même comme une charge ou un péril : l'inhumanité fut un cas de force majeure. « En vain la ville présentait-elle des forteresses, qui défièrent autrefois de formidables armées ; inachevées, manquant d'approvisionnements, ne renfermant qu'un matériel de guerre insuffisant, elles n'étaient que des masses inertes et d'inutiles enveloppes. Elles n'offraient donc pas à des troupes découragées, dénuées de tout, un supplément de forces suffisant pour résister à l'ennemi qui s'avançait de tous les côtés (1). » Cependant les fuyards n'avaient pas à compter sur une armée de réserve ; cette ressource ne figurait sans doute que pour mémoire dans le plan de la campagne ; par cela même Besançon aurait pu ressentir le contre-coup de la déroute. Quand la position de Dole, au sud-ouest, et les défilés du Lomont, au nord-est, tombaient au pouvoir de l'ennemi, cette place ne dut son salut qu'à la diversion précipitée vers la Suisse.

(1) Rapport sur la campagne de l'Est, par J. Juteau.

Aussi l'éventualité d'un bombardement tint pendant de longs jours la population bisontine sous cette impression de terreur qui l'avait si fort agitée le 22 octobre 1870, lors de la bataille de Cussey. Ici, toutefois, le danger avait été plus imprévu et plus prompt, par suite, à produire toutes les défaillances du découragement ; c'est pourquoi l'autorité militaire eût été impuissante à contenir les partisans d'une capitulation immédiate : le général Marulaz et Jean de Bry n'étaient plus là.....

Bien que 3 à 4,000 spectateurs assistassent aux mouvements de la défense dont Châtillon était le pivot, et que la critique en ait bruyamment jugé les ordonnateurs, il y a un détail qui n'est pas assez connu et dont l'importance le ramène forcément au premier plan, — c'est l'affaire du pont de Cussey.

Témoin oculaire de ce dernier événement et de ses accessoires, nous en avons suivi de près toutes les péripéties, et confronté sur place ce qu'on pourrait appeler leurs pièces justificatives. C'est donc muni de témoignages irrécusables que nous offrons à nos lecteurs ce fragment d'histoire contemporaine, en le dégageant, par la simplicité du récit et la sobriété des effets oratoires, de tout ce qui laisserait croire à quelque compromis entre la vérité et notre imagination.

I

Bataille de Cussey.

Après la capitulation de Sedan, tandis que les Allemands se portaient vers la capitale de la France, divers corps d'armée appuyaient ce mouvement au nord et à l'est. Les Badois, en particulier, étaient chargés d'opérer dans cette dernière région. Après avoir rendu à la coalition d'importants services, car leurs affinités avec l'Alsace en faisaient de précieux auxiliaires, ils allaient entreprendre une campagne lointaine, et leurs réserves de l'autre côté du Rhin n'attendaient qu'un signal pour prendre une part active à l'invasion.

Cette participation parut un instant douteuse ; la guerre n'ayant plus d'objet, on s'attendait à des négociations et par suite à la paix ; mais l'inexorable ambition des vainqueurs et l'orgueil patriotique des vaincus dissipèrent bientôt l'illusion : le destin n'était pas satisfait.

C'est ainsi que dès le milieu d'octobre les contin-

1*

gents badois, mêlés quelque peu de Prussiens,
comme pour leur donner la couleur et le ton, inon-
daient la Haute-Saône laissée toute grande ouverte à
l'ennemi par l'abandon des Vosges. Puis, avec la sou-
daineté, qui est le propre de ces Allemands, que nous
appelons Prussiens par synecdoche, ils apparaissaient
simultanément à Combeaufontaine, à Scey-sur-
Saône, à Fresne-Saint-Mamès, à Vesoul, à Gray, etc ,
tandis que des détachements venant par Lure,
Villersexel et Montbozon, circonscrivaient l'envahis-
sement. Malgré l'éparpillement et sa confusion ap-
parente, deux lignes de marche principales ressor-
taient de ces démonstrations : c'étaient les bords de
la Saône et les plateaux dominant l'Ognon, toutes
deux convergeant par Gray et Pesmes vers Pon-
tailler dans la direction de Dijon.

Cette dissémination de troupes avait pour but évi-
dent de couvrir rapidement la contrée avant qu'il s'y
produisît quelque résistance sérieuse ; et pour prévenir les tentatives hostiles qu'eût provoquées leur
faiblesse respective ou imposer aux populations, on
dit que des fragments de ces colonnes revenant la
nuit sur leurs pas reparaissaient les jours suivants
aux yeux de ces mêmes populations, et par ce stra-
agème de théâtre exagéraient le chiffre de leurs
contingents.

Ces troupes étaient commandées par le général badois de Werder, et concurremment par le général prussien Krüg von Nidda.

Abordant les plateaux de l'Ognon, elles se divisent en trois parts à la croisée de la route dite des Romains : la première prend la direction d'Oiselay ; la seconde, suivant la route de Gy à Pesmes, arrive à Pin par Autoreille, tandis que la troisième, continuant son chemin jusqu'à Bomboillon, descend à Marnay.

L'alarme donnée sur les plateaux, l'émigration vient la propager dans la vallée : ces familles, ce bétail, ces convois bizarrement chargés, qui se dirigent précipitamment vers Besançon, émeuvent les plus aguerris, et les disposent à fuir ou à prendre sur place des mesures de conservation. Une fausse alerte avait déjà préparé Cussey aux événements : des silos communs que chacun est intéressé à couvrir de son silence y sont organisés, de sorte qu'à l'apparition des Allemands, des denrées de toute nature, comme ressource d'avenir, étaient en sûreté, sans que l'approvisionnement restant laissât soupçonner cet acte de prévoyance. Mille autres soins personnels marquaient les pressentiments des éventualités du lendemain.

Dans la matinée du 20, un peloton de chasseurs à

cheval, en service d'éclaireurs, se dirigeant du côté d'Oiselay, confirme les appréhensions des habitants, et dissipe les doutes de ceux qui essayaient encore la logique des conjectures.

Placés en embuscade le 21 près de Velloreille, nos éclaireurs surprenaient quelques uhlans explorant les mêmes parages, et ces uhlans tombaient entre nos mains. Cet incident, minime en apparence, va prendre des proportions inattendues.

Le uhlan a joué dans la dernière campagne un rôle dont on n'a pas assez apprécié l'importance. Tandis que nous transformons nos lanciers en dragons, l'armée prussienne, qui a seize régiments de uhlans, songe à en augmenter le nombre. Ils n'ont point d'armes à longue portée qui, suivant l'expression d'un écrivain militaire allemand, encombrent nos soldats à cheval ; c'est la cavalerie légère dans toute l'acception du mot. Leur mission n'est pas de tenter ces coups de main isolés, indice de témérité plutôt que d'intelligence. Ils n'attaquent pas, fuient au besoin devant des forces inférieures; mais ils observent le pays, épient les mouvements de troupes, sondent les passages, et, en cas d'urgence, deviennent pour les leurs de véritables télégraphes par l'allure de leurs manœuvres. « Au moyen de notre cavalerie légère, dit un publiciste allemand, et surtout du soin avec lequel on étudiait à l'état-major les renseignements fournis par elle, nous avons été toujours dix fois mieux informés sur la force et les mouvements de l'ennemi, que les Français ne l'étaient sur notre compte. »

Cet art du service des reconnaissances n'était pas un essai, il confirmait l'étude qu'ils en avaient faite en Bohême en 1866.

En France, ce fut grâce à l'emploi intelligent de cette cavalerie légère que, vers la fin d'août 1870, le général de Moltke fut immédiatement averti du brusque mouvement de conversion opéré par le maréchal Mac-Mahon de l'ouest à l'est, c'est-à-dire de Reims dans la direction de Metz, et qu'arrêtant la marche des Allemands vers Paris et les portant à grandes journées vers le nord, il accula notre armée dans la sanglante impasse de Sedan.

D'après ces considérations, l'affaire de Velloreille prenait aux yeux de l'ennemi un caractère sérieux ; de là l'écart sur Oiselay ; mais une autre cause précipite sa concentration vers les points d'où semblait surgir un danger permanent : Besançon était proche, et l'armée de l'Est, dont on connaissait la destination, s'y formait activement.

Mille démonstrations accusaient ce voisinage incommode, sinon menaçant; les francs-tireurs étaient plus nombreux et plus hardis, les projets des Allemands plus tôt dénoncés, et les reconnaissances françaises plus actives. A cet égard, le général Cambriels venait d'en pousser une au delà de ses lignes de défense. Le lendemain, une autre reconnaissance composée de troupes de l'armée de l'Est et du 2ᵉ bataillon des mobiles du Doubs (environ 3,000 hommes), explorait les abords de la place d'Emagny à Voray (rive gauche), sur une profondeur de dix à douze kilomètres.

Très attentifs à ces mouvements, les Allemands, sur la rive droite de l'Ognon, les suivaient, cherchant à deviner les intentions des Français.

Or, Cussey offre un passage important, comme débouché de Besançon sur la Haute-Saône. C'est vers ce point que se porte l'ennemi, le vendredi 21, après la capture de ses uhlans, à Velloreille ; une colonne de 3 à 4,000 hommes arrive à Oiselay, sans préambule d'éclaireurs, et dès le lendemain, 22, à sept heures du matin, descendait vers Cussey.

Conformément aux ordres du général Cambriels, la 7ᵉ division militaire avait envoyé les mobiles des Hautes-Alpes à Châtillon et aux Rancenières, ceux des Vosges à Auxon-Dessus, et environ 1,000 hommes du 16ᵉ bataillon de chasseurs et du 78ᵉ de ligne à Voray.

Mais le chef de la reconnaissance française, qui opérait sur la rive droite de l'Ognon, voyant l'imminence des événements et le théâtre sur lequel ils pouvaient s'accomplir, modifie l'ordre donné aux Vosgiens et aux mobiles des Hautes-Alpes : au lieu de rester à distance sur la défensive, dans les positions qui leur avaient été primitivement assignées, les premiers se rendront d'Auxon-Dessus à Etuz, et les seconds, de Châtillon et des Rancenières à Cussey.

En même temps, le détachement du 16e bataillon de chasseurs et du 78e de ligne se portera de Voray sur les hauteurs de Buthier.

Cet ordre, en ce qui concerne les mobiles des Vosges et des Hautes-Alpes, subit à la dernière heure une autre modification, et cette modification les mettait en présence de l'ennemi.

En effet, à l'heure où les Vosgiens arrivent à leur poste (sept heures du matin), un grand déploiement de troupes ennemies s'effectuait dans la plaine de Bonnevent. Dès les huit heures, quelques pièces d'artillerie étaient installées à la droite de la route de Gy, sur la lisière du bois d'Etuz, à 800 mètres en arrière de cette localité.

Du même côté, en contre-bas de cette position, une colonne de 12 à 1,500 hommes couchés dans un champ de trèfle ne laissait apparaître qu'une ligne de tirailleurs. Le bois cachait des troupes de soutien, car des hauteurs de Cussey, c'est-à-dire à moins de deux kilomètres de distance, et partout où la longue vue pouvait plonger, on distinguait des casques à pointes.

La gauche de la route était occupée par deux petites colonnes d'infanterie avec des canons et des fourgons ; un ravin à proximité recélait de l'artillerie de réserve ; enfin, la cavalerie, dissimulée par le bois de Chambornay, stationnait attendant les événements.

Ces dispositions prises, quelques fantassins ennemis étaient descendus à la hauteur des premières maisons d'Etuz ; masqués par une rangée d'arbres, ils étudiaient à leur aise le terrain et les ressources de la défense. Leur hardiesse les avait fait prendre pour des mobiles repliés sur le village avec notre reconnaissance de chasseurs à cheval. Or ceux-ci, informés de l'erreur, tirent dans les arbres qui abritaient ces espions, et, comme si les Allemands eussent attendu cette provocation, le premier coup de canon retentit dans la vallée.

Pour l'action qui commence, quelques détails topographiques sont nécessaires.

Cussey, à treize kilomètres et demi de Besançon,

et à la limite nord-ouest du département du Doubs,
occupe le versant d'une éminence rocheuse ; il commande au loin la vallée de l'Ognon et forme dans
son bassin une sorte de promontoire. D'ailleurs, les
vastes méandres du fleuve, en embrassant son territoire, lui donnent l'apparence d'une presqu'île, ayant
à droite le pont de Bussières et à gauche celui de
Chambornay. Le plateau qui en forme le point culminant, vu son cercle d'horizon et la magnificence
de ses perspectives, y a déterminé entre autres ins-
tallations le château appartenant à M. de Laurencin.

Le reste du village, sur une pente fortement dé-
clive, va étaler l'une de ses dépendances au bord de
l'Ognon — c'est le quartier du Moulin.

A la sortie du village, après le pont du canal et
celui de l'Ognon, s'ouvre une chaussée d'un vigou-
reux relief, parce qu'elle doit dominer les inondations et relier Cussey à Etuz ; leur distance est d'environ 900 mètres : c'est la largeur de la vallée à cet
endroit. Depuis Etuz, la route se relève assez brusquement, encaissée avec le village entre deux mamelons couverts de cultures, et aboutit à deux kilomètres de là au plateau de Bonnevent, vaste palier
encadré de forêts, et qui se termine à Velloreille,
au-dessous du château d'Oiselay.

A l'apparition de l'ennemi, le 3ᵉ bataillon des

Vosges (1) recevait l'ordre du colonel Perrin de se
porter en toute hâte en avant de Cussey, et de défendre la route d'Oiselay ainsi que le pont établi sur
la rivière de l'Ognon. « Les cinq premières compagnies, dit un rapport, furent envoyées en avant près
et derrière le village d'Etuz, où elles profitèrent de
tous les accidents de terrain pour aider la défense et
empêcher le mouvement de l'ennemi ; les compagnies se déployèrent en tirailleurs, conservant une
compagnie de réserve masquée par les dernières
maisons d'Etuz.

---

(1) Les gardes mobiles de l'arrondissement de Remiremont sont appelés à l'activité par le décret du 19 juillet
1870, et forment le 3e bataillon du 58e de marche.

1er août, réunion ; — 10, organisation ; — 11, départ pour
Epinal ; 14, pour Vesoul ; 15, pour Langres. — Travail aux
fortifications jusqu'au 21 septembre : 22, départ pour Epi-
nal ; 23, pour Rambervillers ; 24, pour Raon-l'Etape. —
Travail à des redoutes passagères ; 26, reconnaissance sur
Baccarat ; 29, sur Saint-Dié ; 2 octobre, retraite sur Bruyères ; contre-ordre et retour à Raon ; 4, départ pour le Haut-
Jacquel ; 6, pour la Bourgonce. — Bataille et retraite sur
Bruyères ; 8, départ pour Goule ; 9, pour Gerbepal ; 10, pour
Jussarut ; 12, retraite sur Saint-Amé ; 13, sur Faucogney ;
14, sur Courchaton ; 15, sur Baume-les-Dames ; 16, sur Besançon. — Travail aux redoutes de Palente ; 21, départ
pour Geneuille ; 22, pour Cussey.

Il résulte de cet itinéraire que ces jeunes gens devaient
être exténués de fatigue et nullement exercés aux manœuvres de la guerre.

» Une forte avant-garde parut bientôt ; mais elle fut arrêtée court par les tirailleurs, et dut se replier en désordre dans les bois environnants. La brigade du général Degenfeld vint alors pour forcer le passage ; elle s'avança en colonne par peloton, couronna les hauteurs, ainsi que les vignes à gauche d'Etuz. »

De cette position, Cussey a un aspect imposant, sinon formidable : il se dresse en face de leur ligne de bataille avec ses pentes abruptes, ses maisons à demi cachées par son parc, ses bosquets, ses vergers, qui en dissimulent les sentiers, les murs, les haies et en général toutes les retraites favorables à la défense. D'ailleurs il commande le passage des ponts, domine la chaussée et Etuz lui-même ; c'est pourquoi s'emparer d'Etuz serait s'y faire écraser si Cussey est pourvu d'artillerie. Ainsi se grandit dans leur opinion la résistance qu'ils doivent y rencontrer, et Cussey devient immédiatement leur objectif, malgré la position intermédiaire d'Etuz.

Pendant qu'un combat de mousqueterie s'engage entre l'infanterie de Degenfeld et une poignée de mobiles embusqués sur la droite de ce dernier village, les obus ennemis pleuvent sur Cussey. Le feu s'anime pour se concentrer sur le plateau : la mitraille converge vers ses plantations qu'elle fauche

ou qu'elle mutile. Cette grêle incessante de projectiles semble provoquer des batteries cachées à se
démasquer ; tous les endroits suspects d'en recéler,
et en particulier les chemins ombreux près du château sont en quelque sorte fouillés par les obus. On
cherche en vain de l'artillerie ; les défenseurs de
Cussey n'ont pour donner la réplique qu'une fusillade nourrie et surtout bien dirigée, qui contient les
assaillants. Pour ajouter à son intensité, le bataillon
est descendu par compagnie dans la plaine, se faisant un abri des arbres qui bordent la chaussée,
des ravins produits par les érosions de la rivière et
surtout des talus qui appuient le chemin de Boulot.

Malgré quelques variantes sur la distribution des
huit compagnies qui composaient alors le bataillon ,
voici celle qui remplit le mieux les différentes heures
de la journée : 1re et 2e compagnies en avant des
ponts, l'une à gauche, l'autre à droite ; une partie de
la cinquième soutient le feu sur la hauteur d'Etuz ;
le reste de celle-ci et la troisième déploient leurs tirailleurs sur la chaussée ; la quatrième, sur l'espla-
nade de l'église, doit couvrir ou protéger la retraite ;
la sixième, la septième et la huitième, au-dessus du
village, forment la réserve.

Vers onze heures du matin , une fraction de la
sixième et la quatrième durent passer les ponts et

renforcer la première et la deuxième qui commençaient à manquer de munitions. Enfin, la septième fut chargée d'observer la gauche de Cussey, dans le quartier du moulin, pour éviter un mouvement tournant du côté de Chambornay (1).

Cette distribution très méthodique est fort en harmonie avec les exigences des lieux et de la défense. Tous tiennent à leur poste, sans compter avec la différence de péril et sans sortir d'une zone déterminée, ne changeant de place que pour déconcerter le tir de l'ennemi quand il a acquis une précision dangereuse.

Les choses en étaient là lorsque tout à coup, et sans qu'aucun incident ne l'eût fait pressentir, le canon se tait, la mousqueterie cesse, et les Allemands opèrent un mouvement de concentration en arrière. Des versants d'Oiselay ou des hauteurs septentrionales d'Etuz, Degenfeld aurait-il vu poindre des bataillons de secours venant d'Auxon ou de

---

(3) La huitième compagnie ne figure pas dans ces diverses manœuvres. Ne serait-ce pas cette compagnie, demeurée sans doute en réserve au-dessus du village et que nous allâmes prévenir de la situation critique des Vosgiens ? Le chef monta aux combles de notre maison, pour se rendre compte de l'état des choses, puis, ne consultant que son initiative, il entraînait sa troupe sur le théâtre de la lutte. Combien d'autres nous auraient répondu : Je n'ai pas d'ordres.

Châtillon ? De toutes les conjectures, c'était la plus
vraisemblable. On aurait pu distinguer en effet deux
bataillons de mobiles à Auxon-Dessus, les armes en
faisceaux, se livrant au désœuvrement du campement, sans vedettes ni grand'gardes, et ne parais-
sant pas se douter qu'à deux pas de là leurs compa-
gnons d'armes étaient aux prises avec l'ennemi.
L'illusion de la peur en aurait fait un corps d'armée
marchant sur Etuz.

Quoi qu'il en soit, tandis que nos mobiles, au fond
de la vallée, profitaient de ce repos inattendu, voici
ce qui se passait au camp des Allemands. Degenfeld,
soit qu'il craignît de voir nos mobiles secourus, soit
qu'il regardât l'enlèvement de Cussey comme une
entreprise pleine de hasards, envoyait sur ses der-
rières estafette sur estafette, demandant du renfort.
Enfin des ordonnances arrivent à Oiselay, annon-
çant pour midi les généraux de Werder et Krüg von
Nidda, c'est-à-dire les deux corps badois et prussiens
qu'ils représentent. A l'heure dite, en effet, des
troupes affluent nombreuses, se condensant à quelques centaines de mètres du village, et, après de
courts préparatifs, descendent sur le champ de bataille.

Dès lors les Allemands reprennent l'offensive;
leur centre plus profond et leurs ailes, avec le déve-

loppement qu'elles viennent d'acquérir, leur permet-
tent d'attaquer à la fois Cussey et Etuz. Courbant
leur ligne de bataille, ils apparaissent sur les mamelons que nous avons signalés et sur l'un desquels est
bâtie la chapelle légendaire de Sainte-Anne. La fusillade partie de la plaine arrête l'investissement :
les quelques soldats ennemis qui tentent de précipiter
le mouvement se posent à peine en guides ou en
drapeaux vers la partie antérieure des mamelons,
qu'ils tournent sur eux-mêmes, chancellent et rou-
lent sur le sol.

Devant ce déploiement de forces et cette manœuvre, les défenseurs d'Etuz, pour se ménager les
avantages d'une retraite volontaire, n'attendent pas
une seconde tentative; ils regagnent la prairie,
laissant les Allemands maîtres de la place : Etuz
n'est en définitive qu'une sentinelle avancée : c'est
le passage de Cussey qu'il faut défendre.

Fidèles à leurs habitudes de prudence, les Allemands pénètrent au village, après en avoir sondé
les abords; ils marchent à pas comptés, requérant
l'ouverture des portes et des fenêtres; et quand ils
se sont assurés qu'ils n'ont à redouter ni piéges, ni
barricades, ils envahissent les maisons. Leurs rez-
de-chaussées se transforment en casemates, tandis
que, dans les combles, les soldats soulevant les

tuiles des toitures s'en créent des meurtrières mobiles. D'ailleurs, les murs de clôture sont percés de créneaux et offrent, par leur situation et leur développement, une ressource considérable à l'attaque.

Dès ce moment l'ennemi devient invisible ; mais le feu qui prend une effrayante activité le révèle partout, et les projectiles tombent sur Cussey et ses approches comme une pluie d'été. Et pas un canon pour battre en brèche ces immenses vergers contre lesquels nos mobiles épuisent leur courage, sinon leur désespoir.

L'artillerie ennemie, après une lutte de plus de deux heures contre des antagonistes imaginaires, sème ses obus sur la partie antérieure du village : le château, l'église, la mairie et diverses habitations particulières (1) portent bientôt de larges traces de mutilations. Si la partie à gauche des ponts est moins maltraitée, c'est qu'elle a pour abri une quadruple ligne de peupliers qui, déchirés ou tronqués, couvrent la chaussée de leurs débris. Néanmoins le feu se déclare à plusieurs reprises dans ce quartier ; mais il est éteint avec autant d'intelligence que de résolution.

---

(1) On peut citer en particulier celle de M. Saillard, rendue inhabitable par sa dévastation.

La lutte entrait dans une phase nouvelle ; et, quoique favorable à l'attaque, l'ennemi ne semble pas vouloir l'accepter longtemps : il était tard, et on venait d'apprendre que des renforts partis de Besançon se dirigeaient à marche forcée sur le champ de bataille avec une nombreuse artillerie. Un mouvement très accentué des troupes allemandes laisse pressentir une attaque : l'artillerie fait un mouvement en avant ; de nouvelles batteries apparaissent au bord de la vallée ; quelques-unes même descendent à proximité du chemin de Boulot, en sorte qu'elles vont prendre en flanc tout le système de la défense.

Pendant qu'on semblait avoir fait à Cussey la part de l'ennemi, la colonne de reconnaissance, marchant parallèlement à l'Ognon sur la rive droite, suivait les bois de Boulot, de Bussières et de Voray. Avertie par le canon qu'elle se trouvait entre deux feux, et dans la crainte que le détachement cantonné à Buthier fût impuissant à lui maintenir le passage de l'Ognon à Voray, elle brusque son retour vers le pont de cette bourgade, et court prendre position sur le premier plateau de Châtillon, au-dessus du village de Devecey.

Cependant la crainte d'être coupé par l'ennemi naissait de l'ignorance des lieux : dans l'hypothèse

2

où le poste de Buthier eût été refoulé en deçà de Voray, avant l'arrivée de la reconnaissance, celle-ci avait la ressource du pont de Bussières ; par cette voie, elle repassait sur la rive gauche, près de Geneuille, d'où elle pouvait rapidement et sans péril gagner les versants de Châtillon ; ou bien, en stationnant dans sa position intermédiaire, menacer l'ennemi à Voray et influer grandement sur les résultats d'une attaque décisive à Auxon.

Quant à la petite troupe qui avait arrêté l'ennemi près de Buthier, elle ne pouvait se replier sous Châtillon par Voray sans que sa retraite fût une déroute : elle tourne alors brusquement à gauche, passe le pont de Buthier, et gagne Bonnay, qui est en face, tout en luttant contre l'artillerie et l'infanterie allemandes qui occupent la route de Vesoul. Alors nous apprenons une fois de plus les procédés de nos ennemis : bien que ce millier d'hommes se retirât vers la côte pour rallier Châtillon, le village de Bonnay et celui de Buthier expient par l'incendie l'abri passager prêté à nos soldats.

Les événements s'aggravaient ; le général Cambriels, prévenu de leur complication et surtout du développement que prenait cette double bataille de Cussey et de Voray, se rend à Châtillon. Quand il voit l'action convergente des deux corps ennemis vers ce

point culminant, il donne ses ordres *en conséquence*(1). C'était le nœud de la situation, et il n'of-
frait comme armement que deux pièces de campagne
de la légion bretonne : il imposait donc bien plus
par l'aspect que par les moyens de défense.

Pour mettre la ville à l'abri d'un coup de main,
« l'ordre est donné à la garde nationale sédentaire et
à l'artillerie de la garde mobile du Doubs d'occuper
dans les forts et sur les remparts les postes de combat
qui leur étaient assignés. » (Rapport de la 7ᵉ division
militaire.)

Puis les troupes disponibles de la garnison, quelques francs-tireurs et un détachement de volontaires
de la garde nationale sortent de la ville, appuyés par
une batterie de 12; « quelques bataillons que le
général Cambriels avait sous la main et deux batteries d'artillerie de l'armée de l'Est, dont l'une était
prise à la gare au moment même de son débarque-
ment, sont les seules forces qui peuvent se joindre à
ce corps improvisé sorti de Besançon. » (Rapport de
la 7ᵉ division militaire.)

---

(1) Ces mesures ont paru illusoires aux habitants de
Châtillon et à plusieurs milliers de témoins. Nous trouvons
la même opinion dans une lettre fort explicite d'un ambu-
lancier, qui a rédigé un journal sur le théâtre même des
événements.

Les contingents que nous énumérons ici ne devaient pas être considérables, si l'on tient compte : 1° des diverses troupes envoyées à Bourges, 2° des bataillons réclamés pour la défense du nord-est du département du Doubs, 3° des mobiles et régiments de marche déjà en présence de l'ennemi.

Tandis qu'on s'occupe de Châtillon d'une manière exclusive, mais pleine d'indécision et de lenteur, on oublie une poignée de braves qui en sont les plus sûrs défenseurs. Ils se sentent seuls ; rien autour d'eux n'indique qu'à une heure donnée ils seront relevés, secourus, ou protégés en cas de retraite ; n'importe, ils combattent sans regarder en arrière. Pourtant que serait-il advenu si, au second choc, c'est-à-dire à une heure de l'après-midi, quand l'ennemi avec toutes ses réserves descendait sur le champ de bataille, ils avaient lâché pied ?

Nous laissons cette question à résoudre à ceux qui, à ce moment, ont vu Châtillon-le-Duc et les abords de la place de Besançon.

La résistance, par l'invariabilité de position et de moyens, donne à ce combat un aspect monotone : ici la science des batailles est en défaut, le génie est superflu, le torrent usera l'obstacle qu'il ne peut renverser. L'action ne se prête pas aux péripéties de ces drames héroïques des bords de la Loire ; rien ne s'y compare que le courage des Lorrains à celui des Bretons. Cependant cette résistance touche à son terme. — Les munitions manquent ! — Ce mot court dans les rangs comme un cri d'alarme. Tant que le service des munitions n'avait été qu'un acte de dévouement, il n'avait pas périclité : le sergent Fleurot avait donné l'exemple ; mais, les munitions s'épuisant, la défense était aux abois. L'ennemi, soupçonnant cette situation, prélude à son approche par un feu terrible sur l'entrée du village où se distingue la mairie avec son drapeau d'ambulance : malgré cette sauvegarde du droit des gens, les murs, le vitrage, la porte, sont criblés d'obus, et les malades n'y sont plus en sûreté. Mais qu'importe à l'ennemi ? — le succès a ses heures. — Pourquoi transiger avec les moyens ?

Il incendie aussitôt le château, à droite des ponts, et une vaste métairie, à gauche ; les toitures enflammées s'effondrent et le feu se creuse un foyer où il exerce librement ses ravages. D'immenses colonnes de fumée épandues par le vent font croire au loin à un embrasement général, détruisant le dernier rempart de la défense.

Il est quatre heures. — A la vue de ce désastre, trois compagnies de mobiles des Hautes-Alpes, conformément aux instructions reçues le matin, arrivent au pas de course pour secourir les Vosgiens. Ce renfort tardif et en tous cas insuffisant ne change rien à la perspective du dénouement, contribue même à le précipiter. Ces jeunes soldats débouchent à peine sur le premier pont que leur tête de colonne est foudroyée par l'artillerie. Vainement ils renouvellent leur tentative, culbutés de nouveau, ils reculent en désordre. — Témoins de ce mouvement, suivi d'indécision et de stupeur, les Allemands descendent comme un torrent des hauteurs d'Etuz sur Cussey : devant ce flot, qui déborde par toutes les voies, nos mobiles reviennent en arrière refoulés vers l'Ognon. Ce mouvement s'exécute avec ordre jusqu'à proximité des ponts ; mais là, une mitrailleuse secondant l'artillerie menace de décimer leurs rangs ; la retraite prend l'aspect d'une déroute.

C'est au moment de ce sauve-qui-peut général et désordonné que le sous-lieutenant Delang, de Remiremont, cherche à rallier sa compagnie ou à régulariser sa retraite. Placé entre les deux ponts et à découvert en face des batteries prussiennes, il refuse de quitter son poste avant d'avoir assuré le salut du dernier de ses soldats. Vainement on le presse de suivre le mouvement, il résiste, malgré l'imminence du danger, et tombe frappé d'un obus, en prononçant quelques paroles que le dévouement empreint d'un caractère sublime.

La chaussée et les ponts n'étant plus praticables, sous le feu serré de l'ennemi, les retardataires se dirigent vers les berges de l'Ognon, comptant le franchir à la faveur de ses gués et atterrissements ; mais les inondations bouleversant fréquemment son lit, créent çà et là des fondrières impossibles à prévoir. Les premiers, qui sondent le passage, disparaissent dans ces gouffres ; ceux qui les suivent, revenant sur leurs pas tombent au pouvoir de l'ennemi, ou sont repoussés à la baïonnette au milieu des flots. D'autres, plus heureux, gagnent à la nage la rive opposée ; les armes trouvées au fond de la rivière marquent la trace qu'ils ont suivie (1).

Un dernier groupe de ces jeunes soldats offre une situation non moins émouvante. Acculés entre les deux ponts, dans une île formée par la rivière et le

---

(1) C'est pour avoir recueilli ces malheureux et leur avoir fourni des vêtements, que M. l'abbé Chatelet, curé de Cussey, est arrêté et emprisonné. Relâché plus tard, le service rendu ayant été regardé comme un acte d'humanité et un devoir de son ministère, il fut repris et réintégré au nombre des prisonniers, parce que deux mobiles avaient été trouvés dans sa cave ; les blessures de ces soldats n'ayant pas été jugées suffisamment graves, la cave fut considérée comme un moyen de les soustraire au vainqueur. Or, la cure paraissait la maison la plus exposée aux projectiles de l'artillerie; il était naturel que le curé installât dans ce local voûté et souterrain une partie de son ambulance.

canal, vainement ils s'abritent derrière les profonds talus de la chaussée , à l'opposite des batteries allemandes , les obus qui éclatent ou ricochent dans les arbres rendent cet abri des plus précaires. Mais un danger plus pressant et moins évitable les menace. — Voici l'ennemi. — Déjà il aborde les ponts. Ceux qui ont échappé à la mort n'échapperont pas à la captivité.

A cet instant suprême ils aperçoivent une passerelle dans les bosquets qui ombragent le canal : ils se précipitent vers cette chance de salut, et tombent dans une propriété particulière (domaine Duvaucel), où une grille les arrête soudain, et l'ennemi est sur leurs traces ; — ils n'ont pas le temps de désespérer, un citoyen courageux, au risque d'être passé par les armes, leur ouvre cette barrière. — Seront-ils sauvés ?

La plupart de ceux qui ont pu gagner la rive gauche, au lieu de se replier sur Auxon , se rangent en bataille à l'entrée du village, attendant l'ennemi de pied ferme. L'infanterie prusso-badoise arrive au pas de charge , traverse hardiment le pont, croyant toucher au but si longtemps convoité : nos mobiles les arrêtent court, et leur imposent encore à 50 mètres de distance ; « mais la cavalerie vient mettre un terme à cette dernière tentative de résistance, en chargeant sur les débris du troisième bataillon des Vosges, auxquels s'étaient réunis les mobiles des Hautes-Alpes. » (Lettre du lieutenant-colonel Dyonnet, des mobiles des Vosges.)

Les Allemands, pénétrant au village , signalent leur présence par un hourrah formidable, à rendre jaloux les plus farouches Mongols. Ce cri nous rappela les cosaques de 1814, si calomniés alors, et que les Prussiens nous ont fait regretter autant que le traité de Francfort nous a fait regretter la déclaration de Leybach.

Les cavaliers hurlant la victoire, brandissent leurs sabres en guise de menace et insultent du geste et du regard ces quelques vaincus, qui ont dédaigné de fuir. — Ce qui eût été solennel dans sa tristesse devenait indécent, grotesque même , par l'excès ou l'insolence de la manifestation.

Nous les dégriserons tout à l'heure . de leur triomphe.

L'ennemi est maître de Cussey.— Avant de passer outre, apprécions ce succès. Les Allemands nous reprochent d'avoir fait la guerre avec notre imagination.

Laissant de côté l'intelligence, la réflexion et la fatigue, ils critiquent nos bulletins, *bourrés,* disentils, *de phrases creuses et de vanteries ,* résultat inévitable du dédain que nous affectons pour l'ennemi , en nous faisant illusion sur ce que valent nos plans ou leur exécution, et de *notre inclination à nous saturer de grands mots, ce qui nous habitue à vivre de mensonges.*

Nous ne tomberons ici dans aucun de ces défauts; nous prendrons pour terme de nos appréciations le rapport allemand, concernant la bataille de Cussey. Nous y lisons :

« Le 22 octobre, le corps d'armée du général de Werder eut encore une rencontre avec l'armée de l'Est, nouvellement formée; et deux divisions, sous le commandement du général Cambriels, furent, après un combat acharné, jetées au delà de l'Ognon et se replièrent sur Besançon. »

Quelle illusion, dirons-nous, puisque les Allemands n'aiment pas le mensonge! Les deux divisions que mentionne le bulletin sont un luxe d'exagération nécessaire à l'orgueil des vainqueurs, car l'effectif qu'ils nous attribuent ici n'eût pas offert un total moindre de 10 à 12,000 hommes. Eh bien, ce chiffre fantastique, amplifié pour l'honneur de la cause, il faut le dire bien haut, se réduit à 750 mobiles du 3e bataillon des Vosges..... (1)

---

(1) 300 hommes avaient été laissés à Chalezeule pour cause de maladie ou d'insuffisance d'équipement.

Dire que le combat fut acharné, c'est rendre hommage à la valeur de cette poignée de jeunes gens envoyés aux Thermopyles de Cussey. Maintenant comptons les ennemis, toujours d'après les termes du rapport allemand :

« Près du village de Rioz et d'Etuz (ce qui veut dire *Voray* et *Cussey*), le général Cambriels opposa une résistance plus énergique à l'avancement du 14° corps d'armée ; la brigade d'avant-garde du général Degenfeld accepta le combat jusqu'à l'arrivée des brigades d'infanterie du prince Guillaume de Bade et de Keller ; le combat devint alors général et très violent par suite de la résistance de l'ennemi. Malgré cela, le général Cambriels fut enfin obligé de plier et jeté au delà de la rivière de l'Ognon. »

Les renforts venus, voilà trois brigades d'infanterie engagées, ce qui, d'après la composition des régiments allemands, représenterait un effectif de 18,600 hommes.

Ce n'est pas tout.

« Les Prussiens, dit encore le rapport, étaient commandés par le général-major Krüg von Nidda ; la cavalerie prussienne, par le général Dohna, et la cavalerie badoise, par le général de Laroche. »

Il y avait donc en outre deux brigades de cavalerie.

Quant à l'artillerie, différents rapports l'évaluent de six à neuf batteries.

Nous restons donc bien au-dessous de la vérité, en nous bornant au chiffre réduit de 18,000 hommes, compensant l'erreur en plus si elle existe, en ne faisant entrer en ligne de compte ni la cavalerie, ni l'artillerie (1).

C'est contre ce formidable effectif, commandé par huit généraux, que 750 Vosgiens, c'est-à-dire 1 contre 24, sans artillerie et mal armés, soutiennent la lutte de neuf heures du matin à quatre heures du soir.

---

(1) **Deux Prussiens**, interrogés sur le chiffre de leur corps d'armée, répondaient : l'un, 15,000 hommes, l'autre, 17,000 hommes ; notre hypothèse est donc fort admissible.

II

Geneuille, Voray, Auxon.

La configuration du village de Cussey avec les deux routes qui l'embrassent, permet à l'ennemi de l'enfermer rapidement et d'en empêcher l'accès ou la sortie. La colonne de gauche, cavalerie, infanterie, artillerie, se porte sur Geneuille ; celle de droite, après avoir installé sur la hauteur où est bâtie la chapelle de Saint-Waast, un parc d'artillerie et des bagages se dirige vers Auxon-Dessus, par les bois, soit pour le surprendre, soit pour ne pas se mettre à découvert devant Châtillon.

Tandis que ce double mouvement s'exécute, une brigade de cavalerie passe le pont de Chambornay et se répand dans le territoire de Cussey, glanant les fuyards partis surtout du quartier du Moulin. Ces malheureux sans défense sont une proie facile pour l'ennemi : parmi eux se trouvent des blessés, ils se traînent ou se cachent ; quelques-uns vont mourir dans la forêt..... Faut-il ajouter qu'on en a fusillé à bout portant?... Les sauvages se défont ainsi de leurs prisonniers.

Cependant une forte avant-garde de cavalerie arrive à Geneuille et en explore rapidement les points stratégiques. Elle est bientôt suivie d'une masse d'infanterie dont les divers corps prennent immédiatement leur poste de combat dans les accidents de terrain que leur offrent, à cet endroit, les rives de l'Ognon. Quant à l'emplacement de l'artillerie, il était naturellement déterminé par l'éminence où est bâti le château de M. Chalandre. Elle couvre la papeterie et le village, domine la vallée, et laisse voir tout l'espace qui se déroule en pente légère jusqu'au pied de Châtillon.

Or, les Français, embusqués dans la tranchée du chemin de fer, qui court tangentiellement à la montagne, attendent les Allemands, et quand ils sont à bonne portée, les accueillent par une fusillade vigoureuse. Ceux-ci répondent non moins vigoureusement ; de là un combat partiel qui forme l'un des épisodes de la journée, mais qui semble se rattacher à un système d'attaque embrassant la base de Châtillon, depuis Voray à Auxon-Dessus.

Cependant l'artillerie, qui triomphe depuis le matin, pour avoir raison de nos chassepots, nous envoie à peine ses premiers obus que soudain la scène change : une batterie d'artillerie française, à l'inter-section de la voie ferrée et du chemin de Geneuille, appuyée par quelques canons sur la route de Vesoul et qui battent en flanc la colonne ennemie, arrête le mouvement. Cette explosion de nos bouches à feu impressionne vivement les Allemands. Sur toute la ligne et jusque dans le village de Cussey, partout on répète anxieusement : *canône français !* Cette voix du canon français avait-elle un autre timbre que celle des canons prussiens ?

Notre feu menaçant le château de Geneuille où une vaste ambulance vient d'être organisée, l'ennemi déplace ses batteries pour sauver ses malades, et, par suite, éloigne tout danger de cette résidence et peut-être de son importante manufacture (1).

Cependant le combat se concentre sur un point vers lequel concourent les deux colonnes ennemies, l'une venant de Voray, l'autre de Geneuille. Ce point leur ouvre en apparence la double voie de Châtillon et

---

(1) Il n'y a eu à Geneuille ni bris de machines, ni vio-lences, ni rançon, comme on l'avait dit ; tout se réduit à des sacrifices supportés spontanément et dans l'intérêt du pays par les propriétaires de la fabrique. Pour le reste, le respect des Allemands est dû à l'habileté et à l'énergie de M. Joseph Chalandre : cependant la dignité et le patriotisme n'étaient pas sans péril.

de Besançon. Est-ce bien là leur but? Dans l'intention
ostensible de l'ennemi, il y a quelque chose d'impro-
bable, d'énigmatique, dont le général de Werder
lui-même nous donnera la clef.

Pour les esprits les moins clairvoyants, il y avait
là une diversion parfaitement calculée. En effet, tandis que les Allemands, acculés à une montagne sans
issue praticable, tenaient en échec les troupes de la
tranchée du chemin de fer et de la route de Vesoul,
celles du plateau de Devecey et le détachement du
16e bataillon de chasseurs et du 78e de ligne, chargé
d'empêcher le passage du pont de Buthier, une reconnaissance ennemie avait pénétré jusqu'à la trouée
d'Ecole.

En conséquence du même système, vers cinq
heures, un troisième combat s'engage à l'autre
extrémité de la ligne. La colonne de droite, partie
de Cussey en même temps que celle de Geneuille,
mais dissimulée par les bois, débouchait soudaine-
ment à 50 mètres du village d'Auxon-Dessus, et
mettait à l'attaquer une énergie dont le nombre des
assaillants doublait la violence (1).

---

(1) La surprise de ce village eût été facile, et nous croyons
pouvoir nous attribuer l'honneur de l'avoir prévenue. Nous
avions 700 mètres d'avance sur les Prussiens : nous pûmes
ainsi arriver à heure utile à Auxon. — Les troupes qui y

C'est dans ce trajet que nous dûmes éveiller deux officiers qui dormaient profondément sur le chemin qu'allaient parcourir les Allemands.

A la même heure, l'abbé Faivre, aumônier militaire fort connu à Lyon, apostrophait vingt chasseurs et un sergent en état de désertion, cherchant à les ramener au combat : Nous n'avons pas vu nos chefs depuis le matin, répond le sergent, nous nous en allons.....

Dans cette conjoncture, Auxon était une position des plus importantes, qui méritait d'être mise en état de défense, car elle s'adosse à une petite chaîne fort escarpée et qui la soustrait à la vue de Châtillon, mais dont les crêtes sont accessibles à l'artillerie par l'ancienne route. Au sommet, un assez large défilé commande toutes les approches du village, et par suite celles de Miserey, de Trois-Croix, de Valentin, d'Ecole, etc. — Là, pas une pièce de canon ! — Aussi, malgré la bravoure déployée par nos troupes, l'ennemi, aidé d'une batterie d'artillerie, emporte le village.

Les mobiles et les zouaves, délogés de leurs posi-

---

sont cantonnées (mobiles, zouaves, 85e de ligne), renseignées par nous, rompent les faisceaux et prennent leur poste de combat. Quelques minutes après, elles étaient aux prises avec l'ennemi.

tions, se replient derrière les crêtes qui séparent Auxon de la route de Vesoul.

Ces incidents sont courts : à six heures le canon cesse de tonner, et la fusillade, qui va s'éteignant dans les ombres du soir semble marquer la fin de la journée. Cependant les zouaves, au lieu de regagner le campement, s'embusquent dans le taillis situé au-dessus d'Auxon, et là se reforment et se concertent. Après une heure d'attente, la nuit était profonde, ils sortent sans bruit de leur retraite, descendent à pas comptés la rampe d'Auxon, et surprennent les Allemands préparant leur bivouac dans le village.

Voici en quels termes M. Duchemin, de l'ambulance lyonnaise, rend compte de cet épisode. « A cet instant même (sept heures), nous entendons dans le lointain une clameur étrange. Sont-ce des voix humaines ?... Jamais je n'ai rien entendu de pareil ; nous nous arrêtons et restons silencieux sous une impression solennelle. Le bruit dure une minute et demie environ, et reprend une seconde fois, peu après, mais moins de temps. Par cette nuit noire, à la vague lueur des incendies lointains, ce bruit fait courir par tout mon corps un frisson involontaire. — J'ai appris, depuis, que les zouaves, s'avançant à la faveur de l'obscurité tout près des Prussiens campés dans Auxon, fondirent sur eux à la baïonnette et en tuèrent un grand nombre. Ce cri de détresse des Prussiens avait retenti jusqu'à nous (1).

En regard de ce fait indiscutable mettons le rapport allemand : — « Le général Cambriels fut chassé du village d'Auxon-Dessus et obligé de battre en retraite sur Besançon , où deux bataillons du 3ᵉ régiment du Rhin, nᵒ 30, tirés de la réserve, le poursuivirent. »

A la place de ces quelques lignes où le faux, l'invraisemblable et l'impossible se disputent le pas, lisez : Les Français chassèrent les Allemands d'Auxon, et, à la faveur de la nuit, se retirèrent dans leurs cantonnements sans être inquiétés.

---

(1) M. Duchemin était alors à la Maison-de-Paille, sur la route de Vesoul. Ce cri avait été entendu à Geneuille (trois kilomètres.)

III

Les Allemands à Cussey.

Quand les Allemands expulsés d'Auxon rentrent à Cussey, une silencieuse colère anime les chefs et les soldats ; maîtres d'eux-mêmes, pas un mot ne trahit le secret de la situation, et nous en sommes réduits à d'anxieuses mais inutiles conjectures : victorieux, ils abuseront de leurs succès ; vaincus, nous paierons la défaite.

Le matin, les habitants qui fuyaient affolés sans chefs, sans guides, sans familles, cherchant leur sécurité dans l'éloignement de l'ennemi ou le secret de la retraite, sont en grande partie rentrés au village. L'intérêt dominant la crainte, ils reviennent un à un entraînés par l'exemple ; il leur semble que leur retour adoucira le vainqueur, et qu'ils pourront modérer ses exigences. L'illusion n'est pas de longue durée. Les Allemands s'emparent de nos maisons, abattent le bétail, vident les celliers, dispersent les produits de la fromagerie, pillent ou profanent tout ce qui d'avance n'a pàs été soustrait à leur rapacité.

A côté de leur parc d'artillerie, à côté de leurs voitures d'ambulance sur la bandière du campement, les fourgons des pillards stationnent comme équipages militaires ; des femmes parcourent les maisons, président au choix du butin ou bien elles l'attendent, et, après contrôle, rejettent sur la voie publique tout ce qui ne sourit pas à leur cupidité. L'incendie du château ne les arrête pas : ils pénètrent dans le manoir en feu, et en tirent des épaves fumantes ; ce qui eût été, la veille, un héroïque sauvetage, n'est aujourd'hui qu'un audacieux appétit du butin.

Le soldat est devenu un voleur effréné, brisant les meubles, perçant les murs, effondrant le sol pour y chercher des trésors.

N'allez pas croire que ces voleries sont des excès échappés aux regards des chefs dans le tumulte de l'invasion — non — c'est un système ; seulement on ne sait s'il commence en haut ou en bas.

Rien d'exagéré dans ces indications : « Une nuée de racailles, dit M. de Wickede, correspondant de la *Gazette de Cologne*, se précipitaient d'Allemagne sur la France; ils s'intitulaient vivandiers, fournisseurs, infirmiers, etc.; mais ce n'étaient que des gens de sac et de corde. »

Cette appréciation était nécessaire à la cause des Allemands, mais ne les disculpe guère. Pour compléter l'excuse, M. de Wickede ajoute : *ils poussaient nos soldats à piller...* Où était donc alors cette discipline si vantée de l'armée prussienne ?

« Il se passa alors bien des choses, continue-t-il, qui ne sont pas à l'honneur du nom allemand, et qui ont révolté à bon droit les Français. Il n'y a rien à leur répondre, quand ils nous accusent de barbarie et de brutalité. »

Remarquons-le, c'est un Allemand qui parle !...

Avant de les voir, nous les aurions comparés aux Scythes qui, après avoir conquis trois fois l'Asie, méprisaient encore les richesses, et regardaient le vol comme le plus grand des crimes. Mais nous avons affaire à la race de ces Germains dégénérés trop vantés par Tacite et déjà dépravés au contact des vaincus : ils sont couverts de bijoux comme certains insulaires de l'Océanie, et si ces parures mal assorties affichent un commencement de luxe, elles sont aussi l'estampille de leur honteuse industrie.

Au dehors du village, un autre spectacle s'offre à nos yeux. Le gros de la troupe qui a passé l'Ognon s'établit sur un vaste terrain à proximité de Saint-Waast. Il domine la vallée et tout l'espace qui nous sépare d'Auxon. Il permet aux Allemands de garder leur conquête — le pont de Cussey — et de surveiller Châtillon. Des gerbes de blé couvrant le sol forment une natte immense qui dessine le bivouac, et des voitures mises en réquisition y amènent toutes les provisions permettant la participation aux saturnales qui se passent au village. Et sans attendre que l'ivresse vienne surexciter leurs instincts de destruction, les voitures qui ont pourvu à ces préparatifs, sont démembrées, amoncelées et incendiées. C'est à la lueur sinistre de ces autodafés que s'endorment nos vainqueurs.

IV

Châtillon (23 *octobre*).

A la fin de la journée, voici quelle était la situation respective des belligérants. Ceux qui n'avaient pris l'éveil qu'au bruit du canon de Cussey continuaient tumultueusement à Châtillon leurs mesures défensives. Mais l'Ognon était franchi sur tous les points, et l'ennemi abordait non-seulement Châtillon-le-Duc, mais encore les approches de la place de Besançon. Cette menace plus directe donne aux mesures prises par l'autorité française plus de précision et d'unité.

La reconnaissance que nous avons vue sur le plateau au-dessus de Devecey avait passé la côte et s'était installée à Palente. On craignait que l'ennemi passant l'Ognon à Circy ou à Moncey ne débouchât sur la route de Lure par Corcelle ou Chaudefontaine, et ne se montrât à Marchaux. Ce mouvement n'aurait eu d'autre objet que d'occasionner une diversion, car cette position entre le Doubs et la forêt de

Chailluz n'était pas sans péril ; aussi ne l'aborda-t-il pas, et il se contenta d'observer ces passages pour n'être pas tourné.

Sur le même versant, le général Crouzat, chef de la première division de l'armée, récemment formée à Besançon, venait occuper le Point-du-Jour, les Montarmots et Valentin, trois points qui constituent comme les contreforts de Châtillon. Le général Thornton, avec la 2e division, allait garder les Montboucons et les Tilleroyes, deux petites chaînes qui commandent les vallées conduisant au bassin de l'Ognon. Ce déploiement de défense correspondait à l'attitude qu'avaient prise les Allemands sur la rive droite de l'Ognon. Ils occupaient fortement Voray, Cussey et Pin-l'Emagny.

Pendant que les deux armées pourvoyaient ainsi à leur sécurité, le général de Werder gagnait son quartier général, à Oiselay. A son dîner et devant son entourage, il exprime son opinion sur les événements de la journée. Il critique la défense de Cussey, à laquelle nos mobiles ont été sacrifiés. Il laisse échapper les mots de *mobiles mal commandés*, de *ponts mal défendus ;* mais le blâme n'atteint pas nos soldats, il remonte plus haut, car, à Cussey même, quand nos mobiles prisonniers étaient présentés au général Degenfeld, celui-ci n'hésite pas à les félici-

3

ler hautement de leur conduite, et à leur garantir un traitement plein de bienveillance.

Dans le laisser-aller de la conversation, et sans doute sous l'influence de l'ivresse d'un succès, il nous fournit une révélation de la plus haute importance. A l'heure où toute la ligne de Châtillon était tenue en haleine par les affaires de Voray, de Geneuille et d'Auxon, il s'avance à proximité d'Ecole, et pendant qu'il observe nos forteresses, un obus vient éclater à ses pieds, au milieu de son état-major.

C'est lui-même qui nous initie à ce détail, comme pour mieux affirmer la reconnaissance qu'il venait d'effectuer en personne si près de nos murailles. En voulant constater l'impuissance de notre appareil défensif et tâter la nouvelle armée de l'Est, il comprit la possibilité de surprendre Besançon. Ce jour-là, 22 octobre, il était trop tard... quatre heures de résistance de moins au pont de Cussey lui eussent assuré ce succès. Les officiers allemands, si discrets par ordre ou par tempérament, ne le dissimulaient pas : « A les entendre, dit notre correspondant, ils ne doutaient pas de leur entrée facile à Besançon. » Il fallait croire l'entreprise assez sûre et assez prochaine pour en discuter ouvertement l'exécution devant leurs hôtes, et leur apprendre qu'un lieutenant-

colonel du général Krüg était déjà désigné comme
parlementaire.

On en peut conclure que Besançon a été sérieu-
sement menacé, et que l'occupation tardive du pont
de Cussey a seule conjuré la surprise de cette place.

Est-ce à dire maintenant que cette éventualité ait
été, comme on l'a écrit, un acte délibéré d'avance?
Non. Pour s'en convaincre, il suffit de lire le rapport
allemand : « La ligne de l'Ognon forme une espèce
de défense naturelle sur la route de Besançon. L'O-
gnon coule parallèlement au Doubs vers la Saône,
et prend sa source dans les Vosges, à 2,100 pieds de
hauteur, et se jette, près de Perrigny, dans la Saône;
il traverse la route qui conduit directement de Vesoul
à Besançon, près de Voray, à trois lieues nord de
cette dernière ville, de manière qu'il était inévitable
que cette contrée, avec les villages de Rioz, Etuz et
Auxon, ne devînt le théâtre des combats du 22 octobre (1). »

Le *il était inévitable* prouve que l'approche de

---

(1) Les termes de ce rapport montrent combien les Allemands poussaient loin leurs connaissances en géographie.
Une comparaison :
A l'heure de l'attaque d'Auxon, un officier supérieur français, qui s'acheminait à grande vitesse sur Voray, nous de-
manda s'il arriverait bientôt à Pirey !...

leur ligne de marche suffisait pour motiver une bataille ; celle de Cussey n'a pas eu d'autre cause,
puisque de Werder fait 40 kilomètres d'une seule
traite pour atteindre le champ de bataille où Degenfeld l'appelle instamment.

Voici un fait qui vient à l'appui de notre argumen-
tation. Le général Zastrow, marchant sur Dole avec
10,000 hommes à la poursuite des soldats de Bourbaki, passe à Oiselay, le 21 janvier 1871. Il pousse
une reconnaissance jusqu'à Cussey, où il rencontre
une compagnie des mobiles de la Loire : 300 obus
sont lancés sur le village.

Maintenant, si le général de Werder a subsé-
quemment conçu la pensée de se porter sur Besançon, elle lui a été suggérée par les événements, lors
de son écart sur Ecole. Ebloui de son audace à la
vue de nos travaux de défense, il crut se rendre
compte de leur impuissance, et son ambition lui pro-
mit aisément le succès d'un coup de main, devant
l'irrésolution et le désordre des manœuvres stratégiques qui s'exécutaient sous ses yeux (1). Ce fut
donc l'objet de l'affaire du lendemain.

Toute la nuit est employée à des mouvements de
troupes et d'artillerie. A Pin, on cumule en peu

(1) Voy. *Histoire d'une ambulance sur le champ dv bataille.*

d'heures un effectif de 6 à 8,000 hommes et 18 pièces de canon. Vers minuit un corps de cavalerie s'y rendait avec un guide réquisitionné à Etuz. Celui-ci marche à côté du chef commandant la colonne, et répond avec autant de finesse que de laconisme aux fréquentes questions qui lui sont adressées. On n'était pas fort éloigné du point de départ, lorsque le dialogue suivant s'établit entre le chef et son guide :

— Qu'est-ce que ce rideau noir qui se déploie devant nous?

— C'est une forêt, mon général (1).

— Devons-nous la traverser?

— Oui, mon général.

— Faudra-t-il beaucoup de temps?

— Cinq minutes.

— Y a-t-il des francs-tireurs?

— Je l'ignore.

A l'approche de la forêt, le chef quitte la tête de colonne et va se mêler à ses soldats, puis, la forêt traversée, il vient reprendre son poste. A peu de distance de là, une autre forêt intercepte la route, et donne lieu au même dialogue et à la même manœuvre.

---

(1) Ce chef que le guide qualifie de général, comme ferait un cicérone italien, était un colonel du nom de Bismark.

Arrivé à Pin, le guide, pressé de rentrer à Etuz, où son domicile est à la discrétion de la soldatesque prussienne, demande un sauf-conduit. On lui répond obligeamment : Attendez au jour, la route que nous venons de parcourir est gardée actuellement sur un grand nombre de points ; ne sachant pas l'allemand, vous ne pourriez pas toujours faire un utile emploi de votre sauf-conduit ; par suite le voyage ne serait pas sans danger pour vous.

Cet incident, dont nous n'avons pas craint la vulgarité des détails, montre jusqu'où retentissaient les préparatifs de la journée du 23.

Ces préparatifs se poursuivent bien avant dans la matinée du dimanche, sans autre démonstration, dans l'espoir que les Français impatients sortiront des positions choisies qu'ils occupent.

La ligne de l'Ognon est prête. Tandis que l'attaque principale se portera sur la trouée d'Ecole, Châtillon, comme la veille, fera diversion, et les troupes de Pin se partageront les deux routes de Gray, lesquelles sont explorées à la fois par Moncley et par Chaucenne. Ces points sont importants; c'est pourquoi, à l'heure où l'on attend le signal du mouvement en avant, de nouvelles troupes surviennent ; elles sont accompagnées de 74 voitures d'équipage, fourgons, etc.

Ce jour là, le général Cambriels visite, dès le

matin, tous ses cantonnements, et quand il s'est assuré que l'ennemi demeure inactif dans les siens, il rentre à la division ; mais à cette heure-là même (midi), les Allemands nous attaquent sous Châtillon. De Werder, qui était resté à Oiselay, nous permet de tirer de ses paroles et des faits qui se passent autour de lui de précieux renseignements. « Vers dix heures du matin, écrit notre correspondant, nous remarquons beaucoup d'allées et venues et des courriers nombreux. Le général déjeune à midi, reçoit plusieurs messages, et les lit à table à son état-major, tandis que sur sa figure se peignaient des signes visibles d'inquiétude. » Les dispositions prises par les Français paraissent déjà déconcerter ses desseins. Ne pouvant maîtriser son impatience, il gravit les ruines du vieux château. Là il rencontre un habitant d'Oiselay que la curiosité y avait sans doute attiré. Dans sa surprise il met l'épée à la main ; mais, reconnaissant qu'il a affaire à un homme inoffensif, il dissimule comme il peut son excès de précaution. Puis, débarrassé de témoin ou de voisinage suspect, il explore avidement le champ de bataille que l'horizon déroule à ses yeux.

Guillaume de Bade, pénétré des mêmes inquiétudes, sur la terrasse du château de Pin, observait de son côté ce même champ de bataille, d'où lui venaient de fréquentes estafettes. Armé d'une

longue-vue, il stationne ainsi sous une pluie torren-
tielle, jusqu'à ce que l'obscurité lui dérobe cette
perspective.

De Werder, à une extrémité de cette ligne de bataille, et Guillaume de Bade à l'autre, attendirent en
vain le moment décisif pour lancer leurs réserves.
Trompés par le déploiement de troupes dont la disposition des lieux multipliait l'apparence, quand
d'ailleurs d'innombrables spectateurs circulaient librement dans les lignes de la défense, ils crurent à
un concert de mesures formidables ; et, bien que
cette fois encore ils vissent de près les Trois-Croix
et Valentin, ils battirent en retraite.

Le soir, à sept heures, les généraux de Werder
et Krüg, dont les préoccupations n'avaient fait que
s'accroître, tiennent un conseil de guerre : rien ne
transpire des mesures qui s'y discutent ; mais nous
ne devions pas tarder d'être témoins de leur exécution. Au dîner, les événements de la journée sont,
comme d'habitude, le sujet de la conversation. Les
chefs allemands parlent des dispositions avanta-
geuses prises par les Français, comme pour se justifier eux-mêmes d'un insuccès qu'ils laissent pressentir à leur hôte. « En effet, nous écrit celui-ci, dès
le matin du 24, nous voyons les Allemands disparaître rapidement dans une direction opposée. » En
partant, le général de Werder nous annonce que,

dans trois jours, reviendront des troupes en nombre supérieur pour enlever Châtillon. Puis, avant de s'éloigner, il fait une dernière ascension aux ruines du château.

La menace de l'enlèvement de Châtillon, formulée par de Werder lui-même, si elle n'a pas pour but d'immobiliser les défenseurs de ce point stratégique, ressemble fort à ce stratagème des uhlans se mettant toujours sous la protection de colonnes formidables qui les suivent, et qu'on attend en vain. Ici le général badois s'est mis, qu'on nous passe le mot, sous la protection d'une gasconnade.

Quoi qu'il en soit, ses troupes et l'artillerie se retirent en toute hâte sur une montagne à 2 kilomètres d'Oiselay. « La journée se passe pour nous dans une anxieuse attente ; mais l'ennemi finit par s'éloigner, et de Werder va prendre son quartier général à la Chapelle-St-Quillain, à 11 kilomètres de nous. Quelques patrouilles seulement circulent pendant la nuit, et depuis, nous n'avons revu les Prussiens en nombre qu'au 15 décembre, lors de l'équipée des farines à Cussey. » (Même correspondance.)

Ce départ se produit sur toute la ligne avec le même caractère de précipitation. A Voray, à Geneuille, à Cussey, c'était une véritable panique : réquisitions, distributions, tout est abandonné; et tan-

3*

dis que le pont de Chambornay, fortifié la veille, était libre, des redoutes se construisaient à Bucey-les-Gy pour protéger la voie des plateaux ; et, dès le 23 au soir, le village était éclairé par requisition.

A Pin, au milieu d'une agitation contenue, l'artillerie et les fourgons, remontant le village, allaient occuper les positions qui le dominent du côté de Gray, et toute la nuit était employée à ce manége. Des pionniers démolissaient les parapets du grand pont de Pin-l'Emagny, creusaient une tranchée sur l'une des arches, et y installaient, d'une part, une palissade, et de l'autre barraient la route, au moyen de l'abattis des arbres de la chaussée. Et tout cela pour couvrir leur départ ; or, pourtant, leurs troupes, qui semblaient s'être augmentées d'heure en heure, ne s'élevaient pas à moins de 10 à 12,000 hommes, dans cette localité.

Il y avait donc réellement victoire sous Châtillon. « Ce jour-là, dit M. l'abbé Villon, de l'ambulance lyonnaise, dès les dix heures du matin, artillerie, cavalerie, infanterie, mobilisés, etc., étaient à leurs postes de bataille. — N'était-ce pas vingt-quatre heures trop tard ?.... »

Telle fut la bataille de Cussey : si elle a sauvé Besançon par ses sept heures de résistance héroïque, il y a certainement une victoire dans la défaite.

Après la gloire apprécions le sacrifice.

V

Pertes de l'ennemi. — Les nôtres.
Ambulances.

On lit dans le rapport allemand : « Notre perte
de 3 officiers et 100 hommes ne paraît pas importante en comparaison de ce que l'ennemi a perdu en
prisonniers seulement : 2 officiers supérieurs, 13 officiers et 180 soldats. » (Lisez 11 officiers.)

Le même rapport ajoute : « Le 1er bataillon du
3e régiment d'infanterie badoise, commandé par le
major Unger, a perdu 29 hommes tués ou blessés
dont un officier.

« Le 30e régiment prussien a perdu 63 hommes
dont 3 officiers. »

Il ressort de ce dénombrement toujours la même
ligne de partage entre Prussiens et Badois. Le grand-
duché de Bade, rallié le premier à la politique du roi
Guillaume, fut muni tout d'abord de chefs qui le rat-
tachaient par subordination au pouvoir centralisa-
teur de la nouvelle Confédération. C'est pourquoi

nous donnons parfois le titre de général badois au commandant du 14e corps, parce qu'il semblait diriger spécialement les contingents badois.

Quoi qu'il en soit, le bulletin ci-dessus peut tromper à distance et se justifier par l'impuissance ou le petit nombre des adversaires. S'il satisfait l'ennemi, pour nous il ne résiste pas même aux présomptions. C'est le vague, qui plane sur les pertes effectives des Allemands, qui a donné lieu à certaines conjectures auxquelles nous ne saurions donner créance. Mais il est resté dans la conscience publique des souvenirs qui se sont précisés, à mesure que le calme est revenu dans les esprits. Lisez, à cet égard, les renseignements recueillis à Cussey par le docteur Bron dans sa brochure : *Histoire d'une ambulance sur le champ de bataille.*

Les Allemands ont des escouades de soldats chargés d'enlever les morts, et ce service se fait sans délai, sans intermittence, sans omission. Quel que soit le but de cet enlèvement permanent, toujours est-il que, dans la plupart des cas, aucune marque' extérieure ne trahit l'inhumation, qui se dissimule, soit par la forme, soit par l'éloignement, soit par le choix des lieux. Doit-elle demeurer visible? elle s'entoure d'un luxe d'arrangement qui en relève le caractère religieux et honorifique.

A Cussey et à Châtillon, les Français ont imaginé
l'évaluation des pertes allemandes : si l'orgueil national s'en trouve satisfait, la vérité doit se montrer
moins complaisante. Ce que nous pouvons affirmer
toutefois, c'est que ces pertes sont beaucoup plus
considérables que les nôtres, d'après les *tumuli* que
nous connaissons. Il en existe d'autres dont nous ne
savons pas le secret ; ce sont des livres scellés qui
laissent douter parfois de leur propre existence. Le
petit nombre de ceux qui demeurent ostensibles, ne
sont là en quelque sorte que pour faire mieux oublier les autres.

Sur les bords de la Loire, les Allemands procédaient aux inhumations la nuit, à la lueur non d'une
torche, qui eût projeté au loin sa lumière, mais
d'une lanterne.

Ils ne reculaient devant aucun moyen de dissimulation. Un soir, un vaste incendie éclaire les plaines
de Châteaudun ; on croit d'abord à un désastre de
guerre comme à Bazoches, Baigneaux, Loigny et
Ecuillon ; il n'en est rien, l'embrasement est un
vaste bûcher. Les Prussiens brûlaient leurs morts.....
Nous reculons de quinze siècles.

Les blessés qui se confondent avec les morts
jettent une nouvelle ombre de doute sur le chiffre
allemand ; ce sont deux évaluations, qui, combinées

s'affaiblissent réciproquement. Eh bien, les blessés, comme les morts, sont pareillement beaucoup plus nombreux que les nôtres. Les ambulances d'Etuz et de Geneuille le témoignent suffisamment, malgré le soin avec lequel on faisait disparaître les blessés aussitôt qu'ils pouvaient supporter le transport. Et ce transport, effectué souvent la nuit et par des voies différentes, n'a jamais permis de sérieuses appréciations.

Nos affirmations se justifient par la visite au cimetière d'Oiselay, à la prairie et aux jardins d'Etuz, aux cimetières de Cussey, d'Auxon, de Voray et de Geneuille. Dans cette dernière localité, un *tumulus* porte l'inscription :

Ici reposent dix de nos chers camarades.

Or il renferme un colonel, 2 commandants (croit-on) et d'autres officiers, à en juger par l'appareil qui a signalé la cérémonie d'inhumation — concours d'officiers supérieurs, discours, honneurs militaires, etc.

Quant aux soldats, par exemple, que sont devenues les victimes du carnage d'Auxon ? On en trouve à peine une trace : ce carnage ne paraîtra pas une illusion ; il est avoué par les Allemands eux-mêmes. A la vérité on voyait à Auxon-Dessus quatre inhu-

mations (un zouave et trois Allemands); ne serait-ce
pas un moyen de donner le change?

Nos pertes se résument comme suit :

2 officiers.	3 officiers.	12 officiers.
65 s.-off. et gardes.	135 s.-off. et gardes.	150 s.-off. et gardes.
67 tués.	138 blessés.	162 prisonniers.

Malgré le caractère officiel de ce tableau, nous le
regardons comme erroné. D'après le dépouillement
que nous avons fait aux registres des ambulances
bisontines et à l'état spécial de chaque compagnie
du 3ᵉ bataillon des Vosges, le nombre des morts
n'excédait pas alors 43, et celui des blessés 90.

Il a pu se modifier par des décès subséquents;
mais, après l'affaire du pont de Cussey, le bulletin
allemand pouvait accuser exactement le chiffre de
nos morts, puisque l'autorisation de les enlever s'est
fait attendre vingt-quatre heures. Aussi trouvons-nous
inexplicables les paroles du général de Werder, se
plaignant d'avoir vu sur le champ de bataille des
cadavres sans sépulture. Qui sait? peut-être l'exhi-
bition de ces trophées sanglants était une flatterie à
son adresse : ils décoraient son passage.

Les pillards, profitant de ce délai pour les déva-
liser, enlevaient jusqu'aux papiers qui auraient pu
certifier leur identité. Aussi, aujourd'hui encore, de

malheureuses mères viennent à Cussey réclamer leurs enfants ; on ne peut leur montrer qu'un tombeau collectif et muet.

On peut également remarquer et à bon droit le petit nombre de blessés, surtout lorsque nos mobiles combattaient à découvert, sur un champ presque nu, qu'ils traversaient bravement sous le feu plongeant de l'ennemi. Quand le sous-lieutenant Delang, à peine âgé de 21 ans, meurt comme un vieux soldat ; le lieutenant Meline gisant à terre, le genou fracassé par une balle, oublie ses propres souffrances et encourage ses soldats à tenir bon ; le capitaine Colle reçoit deux blessures ; le capitaine Ostertag se fait remarquer par son activité et son sang-froid ; mais il faudrait les citer tous, car tous rivalisent d'abnégation et de courage. Et quand vient l'heure de la déroute, les officiers préfèrent tomber aux mains de l'ennemi plutôt que d'abandonner leurs soldats.

Le corps allemand, qu'on peut appeler sans hyberbole une armée, était pourvu de dix majors, ayant respectivement en sous-ordre soixante subalternes, — aides, infirmiers, brancardiers ; — en tout six cents hommes, avec de nombreuses voitures d'ambulance et de pharmacie.

Les Français n'avaient ni personnel médical, ni accessoires de secours. Vu l'imminence du combat,

le commandant des Vosgiens avait dû requérir le
médecin d'Etuz, M. Frayon, lequel se rend immédiatement à Cussey, et organise en ambulance les
deux salles de la mairie, auxquelles s'annexaient
bientôt comme succursales le presbytère et deux
autres maisons. Quelques habitants de Cussey ont
fait le service des ambulances avec un zèle d'autant
plus louable qu'il n'avait ni l'ambition de la noto-
riété, ni l'appât de la rémunération et qu'il n'était
pas sans danger (1).

A côté de cet exemple, qui mérite notre estime, il
en est un autre qui nous condamne : c'est l'ambulance prussienne. D'après un recensement officiel,
émanant d'un bureau central, créé à Berlin, sous
l'inspection des autorités militaires supérieures, le
contingent des 700,000 hommes de l'invasion a
offert 155,000 cas de maladie, c'est-à-dire que plus de
vingt-deux soldats sur cent ont été reçus dans les
hôpitaux et les ambulances, et le rapport avoue que
ce travail est absolument incomplet.

Tandis que nos soldats traînaient après eux la mi-
sère et la mort, ces innombrables malades allemands
passent inaperçus, et cette cause d'embarras, d'af-

---

(1) Ce sont Mlle Desmoulin, Mlle Barret, institutrice, et les
sieurs Dangleterre et Ferriot (Auguste).

faiblissement et même de désastre, s'efface devant le génie de l'organisation ou de la prévoyance.

Il manquait à ces réflexions une conclusion pratique ; — la voici :

Le prince de Hohenlohe suivait l'armée du général de Werder, et malgré l'éminence de son rang s'occupait spécialement des ambulances : ce haut patronage indique suffisamment l'intérêt attaché à ce service par les Allemands. Dans la journée du 22 octobre, il descend à Cussey, et pousse son excursion jusqu'à Geneuille pour y visiter son service humanitaire et y présider à son exercice.

De retour à Oiselay, il témoigne hautement son regret de n'avoir vu ni ambulance française, ni chirurgien militaire, n'ayant rencontré là, dit-il, que le docteur du village ; puis, s'adressant à son hôte, il ajoute : — J'ai soigné vos blessés de mon mieux.

La critique du prince de Hohenlohe n'est fondée qu'en partie. La première ambulance volante de Lyon, sous la direction du docteur Ollier, après avoir suivi la fortune de l'armée des Vosges, était, depuis vingt-quatre heures, installée à Saint-Ferréol, lorsque le canon de Cussey appelait cette caravane hospitalière sur le champ de bataille. Une fraction de cette caravane se met d'abord à la disposition des chirurgiens du 85e de ligne, au pied de la petite rampe qui relie Châtillon aux Rancenières. Or, les projectiles menaçant l'ambulance en plein air, les majors du 85e transportent leur service sur la montagne, et les ambulanciers lyonnais vont rejoindre leurs confrères à la Maison-de-Paille, sur un des plateaux inférieurs de la côte de Châtillon (1).

Le 23, ils continuaient leur service au même lieu, et le 26 ils se rendaient successivement à la Famine, à Cussey, à Etuz; mais les ambulances bisontines les ayant devancés, ils ne trouvaient plus à exercer leur pieux et philanthropique ministère qu'à Etuz; où il restait encore quelques malades.

---

(1) Tandis que nos fournisseurs, sans pitié comme sans vergogne, trafiquaient de la vie de nos soldats et de l'agonie de la France, voici l'acte de probité que nous signalions à la Maison-de-Paille : — Un caporal grièvement blessé appelle à lui un aumônier : « Fouillez mes vêtements, lui dit-il, vous y trouverez 15 francs; c'est la solde de mon escouade que je n'ai pu distribuer aujourd'hui. Veuillez, s'il vous plaît, remettre cette somme au capitaine un tel du 85e. »

VI

Assassinats et incendies.

Terminons ce bilan par un autre plus déplorable encore, car il ne s'agit plus de ces charges de guerre vaillament supportées, comme l'impôt de la patrie vaincue, mais d'actes barbares qui ont semé le deuil et la ruine sur le champ de bataille que nous venons de parcourir — nous voulons parler des assassinats et des incendies dont l'histoire couvrira d'un souvenir lugubre les journées du 22 et du 23 octobre 1870. Nous y trouvons huit de nos concitoyens fusillés sous des prétextes futiles ou imaginaires : un à Etuz, un à Cussey (1), deux à Voray, trois à

---

(1) L'horloge du beffroi venait de faire entendre les dix heures et leur répétition ; l'écho donnant à la sonnerie une mesure redoublée laisse croire au tocsin, et sur ce prétexte l'instituteur est emmené. Voici comment l'officier allemand rend compte de cette arrestation : « Au moment de notre départ, j'ai entendu une sonnerie, et j'ai cru que l'instituteur sonnait avec malveillance ; il a donc été arrêté, sans égard aux instances du curé qui ne nous avait pas satisfaits. »

Auxon, un à Montboillon. Telle est la ligne suivie par les Prussiens — une tache de sang en ponctue, pour ainsi dire, les stations. — Ajoutons-y vingt-deux maisons incendiées : cinq à Buthier, quatorze à Bonnay, deux à Cussey, une à Auxon. Ce dernier incendie a un caractère doublement odieux, il s'est effectué froidement, la torche à la main, et quand le propriétaire gisait assassiné à côté de sa maison.

VII

Monument commémoratif.

Le 18 octobre dernier, la Beauce, en habits de deuil, se levait tout entière pour inaugurer un monument à la mémoire des héros morts sous les murs de Châteaudun ; ils avaient défendu leurs foyers, et malgré les droits de la guerre, la mort n'a pas suffi à la colère du vainqueur : cette colère se mesure aujourd'hui sur la grandeur des ruines de cette malheureuse cité.

La Lorraine n'a pas attendu l'exemple des Dunois pour prendre rang dans ces manifestations nationales. Une colonne commémorative va s'élever au-dessus de Cussey, près de la chapelle de Saint-Waast, point culminant dont les horizons embrassent les divers champs de bataille du 22 et du 23 octobre.

Ainsi faisaient les Athéniens, au rapport de Thucydide, pour honorer leurs soldats, après la première guerre du Péloponnèse. Ici, par cette disposition, ils ont en outre le privilége réservé aux soldats de Marathon : ils reposent sur le théâtre même de leur mort héroïque.

Et ce cippe funéraire nous rappellera constamment leurs dernières paroles : Il vaut mieux pour nous mourir dans le combat que rester témoins des maux de la patrie.

------

11 avril.

L'inauguration de ce monument vient d'avoir lieu dans les circonstances les plus solennelles et en même temps les plus favorables, puisqu'elle rend à l'affaire de Cussey l'intérêt qu'on avait voulu lui contester.

Personne ne manquait à son poste : le gouvernement y était représenté par M. de Cissey, ministre de la guerre ; le cardinal archevêque de Besançon, absent, par son délégué, le vicaire général Dartois ; la 7me division militaire, par M. le général Picard ; le département du Doubs par M. le baron de Sandraus, préfet, et l'arrondissement de Remiremont (Vosges) par le sous-préfet ; toutes ces autorités ayant à leur suite un nombreux contingent de fonctionnaires et de notabilités de tous ordres.

Les Vosgiens y étaient en grand nombre ; leurs amputés attiraient surtout l'attention.

A côté du clergé du pays, les aumôniers des ambulances lyonnaises étaient venus réclamer une place dans cette cérémonie. Leurs services leur donnaient ce droit.

Quant au concours de populations, il était immense : les mânes de nos mobiles ont dû tressaillir devant une manifestation aussi sérieuse que sympathique.

Un service religieux ouvrait la cérémonie que devait relever un panégyrique prononcé par M. l'abbé Besson. Citer l'orateur, c'est dire tout l'éclat qui ressortait de pages éloquentes où le dévouement des héros du 22 octobre montrait, dans la sublimité du sacrifice et ses inspirations, la véritable source de nos espérances et de nos vertus patriotiques.

Bossuet, Flechier, Mascaron, etc., nos maîtres dans ce genre d'éloquence, avaient, pour louer leurs héros, l'histoire, les faits contemporains, des titres patronymiques illustres. Ici l'orateur n'a devant lui que d'obscures victimes, succombant sans glorification, des martyrs du devoir, qui ont ordre de tenir le plus longtemps possible, et qui tiennent jusqu'à la mort. Mais sa parole les transfigure et ils restent pour nous dans une auréole de gloire et d'immortalité.

Après le service funèbre, le cortège s'acheminait

vers la hauteur de St-Waast, devant cette chapelle
élevée au précepteur du vainqueur de Tolbiac. Là,
le ministre de la guerre prenait la parole en ces
termes :

« Messieurs,

» Je ne m'attendais pas, en venant visiter votre
ville de Besançon, qui est aussi la mienne, à assister
à cette religieuse et touchante cérémonie ; mais je
ne puis passer ici sans honorer le courage des braves
soldats des Vosges et des Hautes-Alpes qui reposent
dans ce cimetière, après avoir si vaillamment défendu le pays et sauvé la cité. Je m'associe à votre
patriotique démonstration, avec ce clergé, ces riches,
ces pauvres, ces propriétaires, ces paysans, tous ces
Français qui entourent une tombe si glorieuse et si
digne de mémoire. Enfants, souvenez-vous que c'est
en devenant chrétiens que vous deviendrez à votre
tour de bons citoyens et, au besoin, de braves défenseurs de la patrie. Monsieur le curé, je vous remercie,
au nom de l'Assemblée, que je représente, au nom
du gouvernement, au nom de l'armée, de la piété et
du zèle que vous avez apportés à l'érection d'un monument qui consacre la bravoure et la mort de nos
jeunes soldats. »

A son tour, le préfet du Doubs, dans une allocution
non moins explicite sur l'affaire de Cussey et non

moins apologétique, justifiait l'enthousiasme qui animait alors le bassin de Châtillon (1).

Des solennités comme celle-ci exaltent le sentiment national, et font trouver faciles tous les devoirs qu'il commande.

---

(1) Les félicitations à l'adresse de M. l'abbé Châtelet, curé de Cussey, sont des plus légitimes. Après les devoirs spéciaux de son ministère, après sa médiation journalière et souvent orageuse auprès d'un vainqueur peu commode, après ses sacrifices personnels, il s'est consacré à relever de l'oubli la mémoire des victimes du 22 octobre. C'est à ses soins persévérants que sont dus les deux monuments qui décorent aujourd'hui les cimetières de Cussey et d'Etuz, et par suite l'inauguration du 11 avril.

Nous aurions aimé voir une parole laudative en faveur de M. Frayon, médecin à Etuz. qui, à l'heure où, sans considération pour la détresse publique, chacun se faisait payer, se vouait à nos ambulances locales avec autant de zèle que de désintéressement. Qu'il émarge au moins ce souvenir des témoins de ses services.

FIN.

TABLE DES MATIÈRES

Besançon. — Impr. Dodivers Grande-Rue.

5

www.ingramcontent.com/pod-product-compliance
Lightning Source LLC
Chambersburg PA
CBHW070900280326
41934CB00008B/1523